Piri 2

Arbeitsheft in Schulausgangsschrift

Erarbeitet von
Kerstin Ende
Renate Erbstößer
Angela Hock-Schatz
Sonja Kargl
Ute Schimmler
Karin Schramm
Sabine Trautmann
Kathrin Wiegelmann

Ernst Klett Verlag
Stuttgart · Leipzig

Lernplan Piri 2

Kapitel	Seitenüberschriften	Seite	erledigt am/ geprüft am:	Bemerkungen:
Vorkurs	Rund um die Buchstaben	4		
	Silbenkönige	5		
	Wörtersuche	6		
	Auf der Wiese	7		
	Wir können lesen	8		
	Lies genau!	9		
Ich mag	Lotta mag Max	10		
	Das Tierhaus	11		
	Rätselspaß	12		
	Maro und Jonas	13		
	Ein Abc-Gedicht	14		
	Abc-Spielereien	15		
	Der Maulwurf hilft der Maus	16		
	Wiesel	17		
	Lustige Sätze und Reime	18		
Lesen und schreiben	In der Bibliothek	19		
	Wörterzauber	20		
	Die Buchstabenhexe	21		
	Tim und Lara	22		
	Auf dem Bauernhof	23		
	Silbenspaß	24		
	Buchstabengedichte	25		
	Klassenpost	26		
	Eine Bildergeschichte	27		
Wünschen und träumen	Das Wunschtraumhaus	28		
	Traum eines Hamsters	29		
	Haustierwünsche	30		
		31		
	Der Ausflug	32		
	Die kleine Maus	33		
	Rätselspaß	34		

Rund um die Buchstaben

1 Welcher Laut klingt am Anfang?

 N   

2 Schreibe und verbinde.

H  se Hase

Fr  sch

H  nd

F  sch

Pf  rd

3 A, a? Höre und kreuze an.

4 Wo klingt A, a? Höre und schreibe.

Silbenkönige

1 Jede Silbe hat einen König. Schwinge und schreibe.

Hase

2 Markiere die Könige.

3 Wie heißt das Wort? Verbinde und schreibe.

Pal · ne · me

Palme

Bir · ne · me

Wür · fel · tel

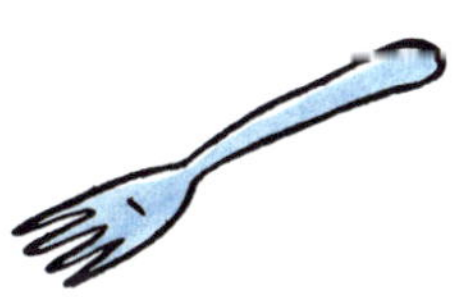
Ga · pel · bel

Wol · le · ke

Ham · mel · mer

4 Setze die Silbenbögen.

5 Markiere die Könige.

Wörtersuche

1 Suche, male an und schreibe. Welche Wörter findest du?

Son	wit	ter
Ge	ne	ke
Re	Wol	gen

2 Lies, male an und schreibe.

Freun	Schu	Ta	Schul
le	de	hof	fel

Lotta geht in die ________ .

Sie trifft ihre ________ .

Die Kinder spielen auf dem ________ .

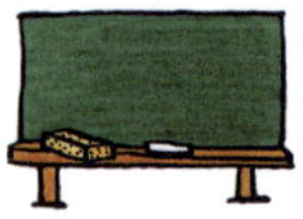

Die Hausaufgaben stehen an der ________ .

3 Setze die Silbenbögen.

4 Lies, verbinde und schreibe.

Tau	kel
Schau	pe
Rau	be
Au	to

Taube

Auf der Wiese

1 Lies die Geschichte und setze die passenden Wörter ein.

Auf der Wiese ist ein ________ .

An dem Baum steht eine ________ .

Lotta steigt auf die Leiter.

Sie pflückt einen schönen ________ .

Der Apfel schmeckt prima.

2 Was macht Lotta jetzt?
Lies und kreuze an.

☐ Lotta spielt mit Maro.

☐ Lotta bastelt einen Drachen.

☐ Lotta lässt den Drachen steigen.

☐ Lotta fährt mit dem Roller.

3 Schreibe den richtigen Satz ab.

____

____

4 Lies, verbinde und schreibe.

stei ren

tan gen

nen zen

Maro lässt auch einen Drachen ________ .

Die Kinder ________ immer schneller.

Die Drachen ________ im Wind.

Wir können lesen

1 Lies die Sätze und unterstreiche das passende Wort.

Lotta spielt im *Garten/Hof.*
Mama steht auf der *Leiter/Treppe.*
Maro füttert einen *Hasen/Hund.*
Papa fährt mit dem *Roller/Auto.*
Piri liegt unter dem *Baum/Dach.*

2 Schreibe drei Sätze auf.

3 Verbinde die richtigen Satzteile.

Die Katzen	bauen sich ein Nest.
Die Fische	jagen Mäuse.
Die Vögel	haben lange Ohren.
Die Hasen	leben im Wasser.

4 Schreibe einen Satz auf.

5 Wer tut was? Verbinde und schreibe.

zwitschern	Vögel zwitschern
klettern	
hoppeln	
schwimmen	

Lies genau!

1 Lies dir die Sätze gut durch.
Verbinde die passenden Satzteile.

Die Katze	liest	mit dem Auto.
Lotta	klettert	in der Luft.
Papa	fährt	auf den Baum.
Der Vogel	fliegt	ein neues Buch.

2 Schreibe zwei Sätze auf.

3 Schreibe zwei Unsinnsätze auf.

4 Was ist richtig? Kreuze an.

- ☐ Die Katze fängt eine Maus.
- ☐ Die Katze schläft.
- ☐ Die Katze ist auf dem Dach.
- ☐ Die Katze ist auf dem Baum.

- ☐ Piri liegt im Bett.
- ☐ Piri liegt auf der Wiese.
- ☐ Piri liebt Eis.
- ☐ Piri liest ein Buch.

Ich mag

Lotta mag Max

Lotta sieht aus dem Fenster sie
schaut zum Spielplatz auf der
Schaukel sitzt Max Lotta würde
gerne mit ihm spielen sie
traut sich aber nicht, ihn zu fragen

❶ Trage die fehlenden Punkte in den Text ein.

❷ Verbessere die Satzanfänge.

❸ Schreibe den Text richtig auf.

④ Was soll Lotta tun? Du kannst es aufschreiben.

SB S. 8

Das Tierhaus

❶ In diesem Haus wohnen 14 Tiere.
Umrahme die Tiernamen.

❷ Schreibe die Substantive mit dem bestimmten Artikel auf.

der Esel,

③ Welches Lieblingstier hast du?

SB S. 10

Rätselspaß

1 Suche die Substantive in der Wörterliste und trage sie ein.

1 

2 

 3

 4

5 

6 

1.
2.
3.
4.
5.
6.

2 Schreibe die Buchstaben aus den blauen Feldern hintereinander auf.

Das Lösungswort heißt ____ ____ ____ ____ ____ ____ .

3 Schreibe die Substantive mit dem bestimmten und dem unbestimmten Artikel auf.

4 Setze die passenden Artikel in den Text ein.

Tim will *eine* Karte mit Theo tauschen.

Er öffnet __________ Schachtel.

Dann holt er __________ Pokemonkarte heraus.

__________ Karte ist besonders wertvoll.

__________ Junge will __________ Karte unbedingt haben.

Er tauscht __________ Karte, die er nicht mehr braucht.

Das ist __________ guter Tausch.

SB S. 11/12

Maro und Jonas

❶ Setze die passenden Artikel in den Text ein.

Maro hat ____________ Freund.

____________ Freund heißt Jonas.

Maro wünscht sich ____________ Katze.

Jonas möchte lieber ____________ Hund.

Ob __________ Tiere sich vertragen würden?

❷ Schreibe den Text ab.

③ Welche Tiere haben die Kinder deiner Klasse?

Ein Abc-Gedicht

❶ Ordne das Abc.

☐	A B C D E –	☐	ein Pinguin hüpft im Schnee
☐	J und K und L –	☐	und freut sich wie noch nie.
☐	F G H und I –	☐	er hüpft so furchtbar schnell.
☐	W X Y und Z –	☐	ein zweiter kommt dazu
☐	R S T U V –	☐	und das ist seine Frau.
☐	M N O P Q –	☐	zu zweit hüpft es sich nett.

❷ Schreibe das Gedicht geordnet auf.

A B C D E – ein ...

Abc-Spielereien

1 Verbinde zuerst die großen, dann die kleinen Buchstaben in alphabetischer Reihenfolge.

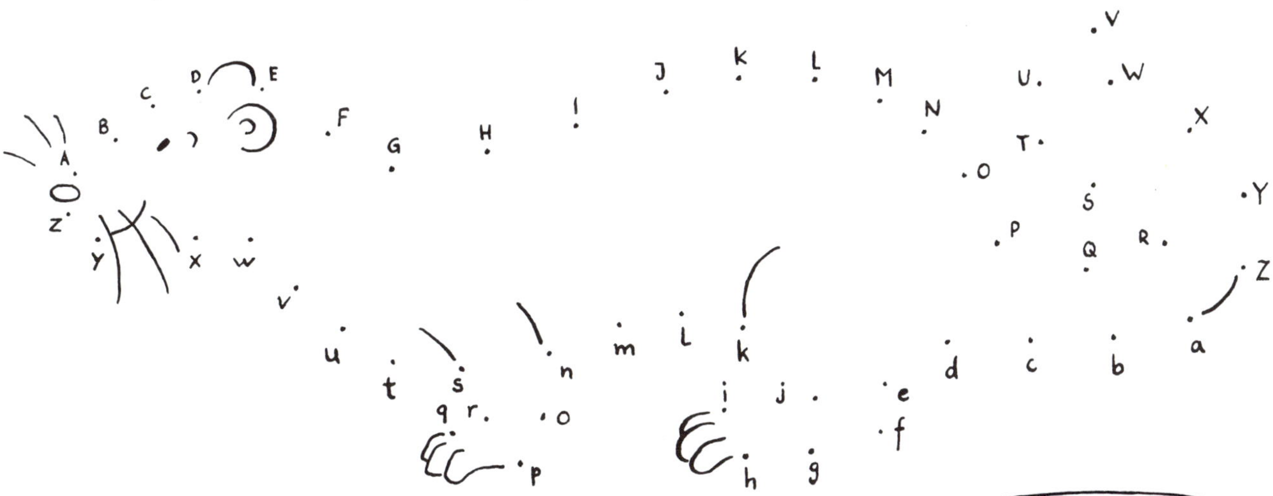

Dieses Tier entsteht:

2 Suche die Wörter in der Wörterliste.
Welches Wort steht darüber? Schreibe es auf.

wird **L**eute **v**iele

allein **W**ort **Z**werg **S**port

wird **g**elb **G**eschenk **S**ee

Der Maulwurf hilft der Maus

❶ Lies die Sätze.
Vergleiche sie mit dem Text im Buch auf Seite 17.
Streiche die falschen Wörter durch.
Schreibe die richtigen Wörter dahinter.

Die Maus hatte ihre Eltern zum Geburtstag eingeladen. ______________________

Plötzlich fing es an zu schneien. ______________________

Die Gäste sprangen auf und rannten unter einen Baum. ______________________

Immer höher stieg der Fluss. ______________________

„Jetzt muss ich hier ertrinken“, dachte die Maus. ______________________

Aber Oma und Opa ließen sie nicht im Stich. ______________________

Der Hase wusste Rat. ______________________

„Das Haus liegt auf einem Berg. Wir müssen nur graben.“ ______________________

Erst entstand ein großer Wasserfall. ______________________

Die Tiere erlebten eine lustige Überraschung. ______________________

❷ Wie heißen deine Freunde?

SB S. 17

Wiesel

❶ Streiche die Sätze, die nicht stimmen.

Es gibt nur eine Wieselart. D

Es gibt mehrere Wieselarten. W

Die großen Wiesel sind etwa so lang wie Eichhörnchen. I

Die kleinen Wiesel sind etwa so lang wie Eichhörnchen. E

Ihr Fell ist am Rücken braun und am Bauch weiß. E

Ihr Fell ist am Rücken und am Bauch braun. L

Die Schwanzspitze ist weiß. F

Die Schwanzspitze ist schwarz. S

Wenn es im Winter warm bleibt, wird das Fell der Wiesel weiß. I

Wenn es im Winter kalt ist, wird das Fell der Wiesel weiß. E

Nur die Schwanzspitze bleibt schwarz. L

Nur der Bauch bleibt schwarz. N

❷ Schreibe die Buchstaben hinter den richtigen Sätzen auf.

Lösungswort: ____ ____ ____ ____ ____ ____.

SB S. 21

Lustige Sätze und Reime

1 Setze die richtigen Reimwörter ein.

weg *Segen* *Spaten* *ganz* *Dunkeln*

Ritze ratze Regen,
sich regen bringt ___________.

Ritze ratze raten,
ich grabe ohne ___________.

Ritze ratze Runkeln,
ich grabe im ___________.

Ritzratz, wie ein Rattenschwanz
seh ich aus, vielleicht nicht ___________.

Ritze ratze Rattendreck
kriegt das Huhn mich, bin ich ___________.

Heinz und Christine Brandt

2 Welches Tier ist hier gemeint?

3 Bilde Sätze, in denen jedes Wort den gleichen Anfangsbuchstaben hat. Benutze alle Wörter. Das erste Wort ist umrandet.

Flinke	Alte	Grüne
Gorillas	Fliegen	Ameisen
fangen	gurgeln	angeln
abends	fröhliche	gemütlich
Gummibären.	Frösche.	Apfelsinen.

SB S. 22/23

Lesen und schreiben

In der Bibliothek

Die Klasse 2b besucht jedes Jahr	auf die neuen Bücher.
Dieses Jahr lautet das Thema:	Hokus – Pokus – Hexerei.
Alle Kinder sind sehr gespannt	„Die kleine Hexe“ vor.
Die Bibliothekarin stellt das Buch	zweimal die Bibliothek.

1. Verbinde die Satzteile. Schreibe die Sätze richtig auf.

Lena liest gern Pippi Langstrumpf.
Luca mag am liebsten Geschichten von Räuber Hotzenplotz.
Ole findet Harry Potter gut.
Sarah kennt viele Bücher von Bibi Blocksberg.
Bosse mag Geschichten von Karlsson vom Dach.
Niklas findet Pettersson und Findus toll.
Emma liest am liebsten Lillifee.
Carl kennt viele Geschichten von Nils Holgersson.

2. Was lesen die Kinder gern? Unterstreiche die Figuren.
3. Schreibe sie nach dem Abc geordnet auf.

SB S. 32/33

Wörterzauber

Ein Zauberer, das ist doch klar,
zaubert Selbstlaute hier und da:
Aus Wind wird Wand,
aus Buch wird Bach,
ist doch gelacht.

Ene, mene – heckel, neckel –
aus dem Dackel wird ein Deckel.

Ene, mene – Zauberwonne –
aus der Tanne wird die Tonne.

Das ist noch nichts – seht nur geschwind,
aus dem Kind mach ich ein Rind.
Dreh' Mitlaute hin und her –
ja, das fällt mir gar nicht schwer.

Ene, mene – Stinkesocken –
aus den Glocken werden Locken.

Ene, mene – wilde Mücke –
aus der Brücke wird die Lücke.

Ene, mene – schnick und schnack –
aus dem Dach mach ich den Bach.

❶ Unterstreiche die Buchstaben, die sich in den Wörtern verändern.

❷ Unterstreiche die zwei Wörter im Gedicht, die dir sagen, welche Buchstaben verändert werden.

❸ Verändere die folgenden Wörter durch andere Selbstlaute.

Wind – ________ Buch – ________ Wonne – ________

❹ Verändere die folgenden Wörter durch andere Mitlaute.

Wind – ________ Buch – ________ Wonne – ________

⑤ Du kannst dir eigene Hexenreime oder ein Gedicht mit veränderten Wörtern ausdenken.

SB S. 34/35

Die Buchstabenhexe

❶ Welche Wörter entstehen? Trage sie ein.

Hexe hin und Hexe her,
hexen fällt mir gar nicht schwer.

Aus der Hand mach ich den ____________, 

aus dem Band wird nun das ____________. 

Aus der Hose wird der ____________, 

aus der Schule wird die ____________ . 

Aus der Puppe wird die ____________, 
ach – wenn ich ein Wort mir schnappe.

❷ Unterstreiche die Selbstlaute, die sich verändern.

❸ Welche Reimwörter gehören zusammen? Verbinde sie.

❹ Schreibe die Reimwörter aus Aufgabe 3 mit dem bestimmten Artikel auf.

❺ Welche Buchstaben ändern sich? Unterstreiche.

SB S. 34/35

Tim und Lara

Tim schreibt Lara viele Briefe.
Aber sie antwortet nie.
Er ist ziemlich traurig.
Heute probiert er es wieder.
Ob sie diesmal antwortet?

1. Unterstreiche alle Wörter mit ie.
2. Schreibe die unterstrichenen Wörter ab und zeichne ie farbig nach.

3. Bilde aus den Wortgruppen Sätze und schreibe sie auf.

Das macht Lara gern:

– spannende Geschichten lesen

– spät ins Bett gehen

Das macht Tim gern:

– draußen spielen

– Sport treiben

Lara liest gern

4. Unterstreiche die Wörter mit Sp/sp.
5. Ergänze Sp oder St.

__ern __ort __inne __aß __raße __annung __rom __uhl

6. Schreibe die Wörter mit Sp auf.

SB S. 37

Auf dem Bauernhof

❶ Manche Substantive sind einmal, andere mehrmals abgebildet.
Trage die Substantive aus dem Bild mit Artikel in die richtige Spalte ein.

❷ Bilde dann die fehlende Einzahl oder Mehrzahl.
Umkreise die Veränderungen.

Einzahl	Mehrzahl
der Baum	die

❸ Bei welchen Substantiven werden in der Mehrzahl aus den Selbstlauten Umlaute? Schreibe sie auf.

SB S. 38

Silbenspaß

1 Schreibe die Lösungswörter auf.
Die Silben helfen dir:

Brie-	Diens-	Lie-	Rie-	Pa-	Lie-	Tie-	Wie-
-be	-der	-fe	-pier	-re	-sel	-se	-tag

1. Der zweite Tag der Woche:
2. Ein sehr großer Mensch im Märchen:
3. Piri ist ein:
4. Wir singen sie nicht nur in der Schule:
5. Davon gibt es viele im Zoo:
6. Wir schreiben sie anderen Menschen:
7. Darauf schreibt man:
8. Wenn ich jemanden sehr mag, empfinde ich:

2 Zeichne das ie farbig nach.

3 Schreibe die Wörter nach Silben getrennt auf und zeichne Silbenbögen ein.

Bauernhof	Ententeich	Traktorfahrer
Kuhstall	Spielplatz	Blumenstrauß

der Bau-ern-hof,

SB S. 39

Buchstabengedichte

Rätsel

Ein F ist allein,
lädt das R zu sich ein.
Noch ein E kommt hinzu,
kurz danach auch das U.
Steht ein N vor dem Haus,
holt die Vier zu sich raus.
Meint das mitgebrachte D:
„Kommt, wir gehen zum E!“

Regina Schwarz

❶ Ergänze im Bild die fehlenden Buchstaben.

Wer trifft sich hier?

Steht das ____ ganz allein,
sieht ein ____. Das ist fein.
Rufen beide laut im Chor:
„Liebes ____, komm hervor!“
Alle drei hol´n das ____
und danach noch das ____.
Mit dem ____, oh, wie nett,
ist die Gruppe nun komplett.

Sabine Trautmann

❷ Ergänze im Gedicht die fehlenden Buchstaben.

Wer trifft sich hier?

③ Du kannst dir ein eigenes Rätselgedicht ausdenken.

Klassenpost

In der Klasse 2b wird der Klassenbriefkasten geleert.
Heute verteilt Lisa die Post. Hanna freut sich. Sie bekommt eine Karte mit einem großen Herz. Sie hat Lena einen Brief geschrieben. Lukas packt ein kleines Päckchen aus.
Frau Schulz tröstet Tom. Er hat heute keine Post bekommen.

______ ______ ______ ______ ______

❶ Ergänze auf dem Bild die Namen.

Hanna hat Lena eine geheime Botschaft geschrieben.
Kannst du sie entschlüsseln?

loHal naLe,
lenwol wir uns in der sePau auf dem hofSchul
bei der peTrep fentref?
teBit beschrei mir rückzu.
neDei naHan

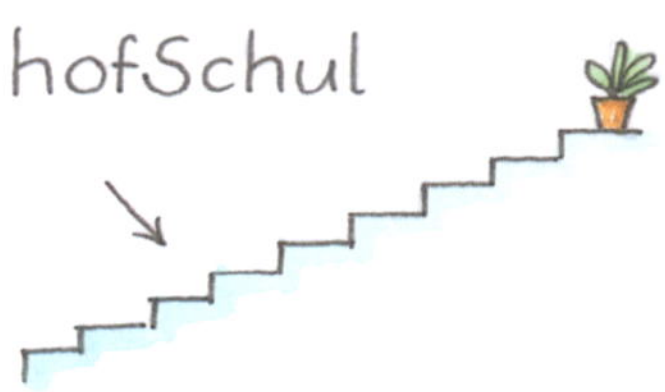

❷ Wo ist der Treffpunkt? Schreibe es auf.

③ Schreibe den Brief richtig auf.

SB S. 42

Eine Bildergeschichte

❶ Erzähle zu den Bildern eine Geschichte.

liegt im Bett – liest

öffnet Tür – schaltet Licht aus

Gespenst – versteckt sich

stolpert – verliert Umhang

❷ Wie könnte die Überschrift heißen?

❸ Schreibe die Geschichte auf.

SB S. 45

Wünschen und träumen

Das Wunschtraumhaus

❶ Was haben die Kinder nicht beachtet? Verbessere die Texte.

❷ Schreibe die Sätze richtig auf.

SB S. 60/61

Traum eines Hamsters

Der kleine Hamster liegt in seinem Käfig und schläft

Was er wohl wieder träumt

Kannst du es erraten

Im Traum trägt er einen großen Sack mit Körnern in seinen Käfig

Er scheint der stärkste Hamster der Welt zu sein

Als der Hamster abends erwacht, fühlt er sich sehr stark

Ob er wohl die Gitterstäbe seines Käfigs auseinander biegen kann

Leider klappt es nicht

Der Hamster ist traurig

1. Setze die richtigen Satzschlusszeichen.
2. Lies den Text noch einmal.
   Trage danach die passenden Fragewörter ein.
   Verwende jedes Wort nur einmal.

______ liegt der Hamster?

______ kann er in seinem Traum?

______ wird der Hamster wach?

______ fühlt sich der Hamster im Traum?

______ ist der Hamster traurig?

Wann? Wo? Wie? Was? Warum?

3. Beantworte eine der Fragen.

______

______

SB S. 63/65

Haustierwünsche

Im Tierladen beobachten Tina und Leon
täglich die Zwergkaninchen.
Die grauen Kaninchen finden sie
am niedlichsten.
Leider wollen die Eltern keine Haustiere.
Sie meinen: „Kaninchen gehören nicht ins Haus.“
Was sagen Tina und Leon wohl dazu?

❶ Unterstreiche alle Verben.

❷ Trage die Verben in der richtigen Form in die Tabelle ein.

ich	du	er / sie / es

❸ Unterstreiche die Endungen.

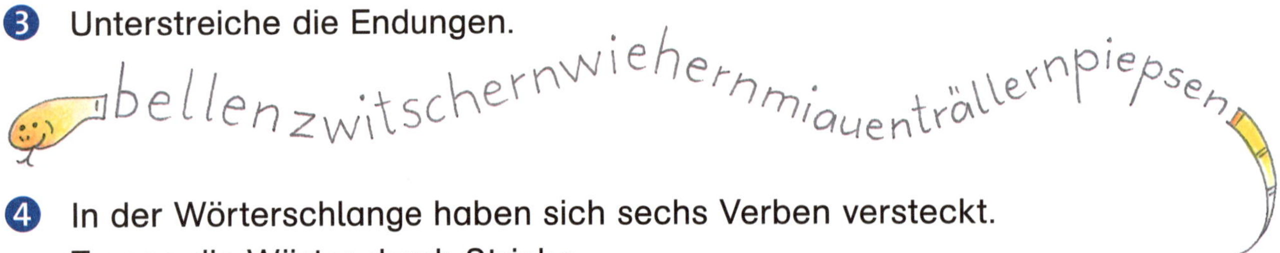

❹ In der Wörterschlange haben sich sechs Verben versteckt.
Trenne die Wörter durch Striche.

❺ Schreibe die Verben auf.

⑥ Du kannst ins Heft schreiben, welches Tier was tut: *Der Hund bellt.*

SB S. 68

7 Setze die passenden Wörter ein.

fliegen	*fliegt*
wegfliegen	*Flieger*

Lisa wünscht sich einen Wellensittich.

Jede Woche geht sie in die Zoohandlung.

Die Vögel ____________ aufgeregt umher.

Lisa beobachtet die kleinen ____________.

Plötzlich ____________ ein Wellensittich auf ihre Schulter.

Hoffentlich wird er nicht gleich wieder ________________________.

8 Zu welcher Wortfamilie gehören die Wörter? Schreibe sie geordnet auf.

die Suche	*der Trinknapf*	*austrinken*	*gesucht*	*versuchen*	*er trinkt*

suchen:

trinken:

9 Unterstreiche die Wortstämme verschieden.

Der Verkäufer kennt Lisa schon. Er erklärt ihr alles.
Lisa fragt ihn: „Wie unterscheidet man Männchen und Weibchen?“

10 Unterstreiche alle Verben.
Schreibe sie in der Grundform untereinander heraus.

kennen: er kennt …

11 Finde dazu Wörter aus den Wortfamilien.
Unterstreiche die gemeinsamen Wortstämme.

12 Du kannst Lisas Frage beantworten.

SB S. 69

Der Ausflug

❶ Lies den Text.

❷ In sieben Sätzen steht ein überflüssiges Wort.
Kreise die sieben Wörter ein.

Anne hat zum Geburtstag ein neues Fahrrad bekommen.
Am Sonntag fährt sie mit ihren Eltern Anne zum Badesee.
Sie haben Badesachen und einen Picknickkorb dabei.
Endlich kann es losgehen!
„Fahre auf dem Radweg dicht und hinter mir!“, ruft Papa.
Er fährt vorn, Anne in ihre der Mitte und Mama am Schluss.
Als sie auf den Waldweg zum Badesee abbiegen,
steigen Papa und Anne von ihren Rädern ab.
Doch wo ist Mama?
Nach einiger Zeit kommt sie Eltern langsam angefahren.
Sie pustet laut und ihr Kopf ist fahren ganz rot.
„Was ist denn passiert?“, fragt Anne.
„Mein Rad und ich sind mit eingerostet“, antwortet Mama.
„Ich muss wohl in den nächsten Wochen öfter Fahrrad fahren,
damit wir wieder Helm fit werden.“
Papa und Anne lächeln und lassen Mama nun langsam
vorausfahren.

❸ Schreibe die überflüssigen Wörter auf.

SB S. 69

Die kleine Maus

❶ Ergänze die Reimwörter.

Die kleine Maus schlüpft aus dem Nest,
blinzelt, schnüffelt und stellt __________,
dass auf dem Tisch ein Käse __________.
Gleich denkt sie nach, wie sie ihn kriegt.

Und ohne lange nachzufragen,
beginnt sie's Tischbein __________.

Nach gar nicht allzu langer Zeit,
ist es dann endlich auch so __________,
der Tisch beginnt ganz leicht zu __________,
das Mäuschen will nicht lange fackeln:

Es rüttelt etwas an dem Tisch,
– der Käse duftet herrlich __________,
und rutscht ganz langsam von der Platte.
Welch Glück doch unser Mäuschen __________!

Der Käse hat sie nicht erschlagen,
sie konnte ihn ins Maus'loch __________.

Sabine Trautmann

liegt

anzunagen

fest

weit

frisch

tragen

hatte

wackeln

❷ Unterstreiche die Reimwörter in der gleichen Farbe.

③ Du kannst das Gedicht auf ein Blatt abschreiben.

Rätselspaß

❶ Löse das Kreuzworträtsel. Schreibe nur Großbuchstaben.

❷ Trage alle Substantive aus dem Rätsel mit Artikel in die erste Spalte ein.

❸ Bilde zu jedem Substantiv die Mehrzahl.

Einzahl	Mehrzahl
der Strauch	die

❹ Zeichne farbig nach, was sich ändert.

❺ Bei welchem Substantiv verändert sich das au nicht?

SB S. 71

Winterschlaf der Igel

1. Lies den Text im Buch auf Seite 73.

2. Beantworte die Fragen in Sätzen.

Was fressen Igel?

Wo halten Igel gern ihren Winterschlaf?

Bis wann sollte man die Laub- und Reisighaufen liegen lassen?

Womit polstern Igel ihre Schlafplätze aus?

Wann wachen Igel auch im Winter auf?

3. Was weißt du noch über Igel?

SB S. 73

Reise nach England

Aus eins mach zwei

1. Zerlege die zusammengesetzten Substantive.
   Schreibe sie mit Artikel auf.

Königreich	Schlosspark	Briefmarke	Telefonzelle

2. Unterstreiche die zusammengesetzten Substantive im Text.

Auf dem Marktplatz von London gab es einen Unfall.
Ein Radfahrer fuhr auf einen Eiswagen auf.
Er hatte großen Hunger auf Himbeereis.
Als der Polizeiwagen kam,
aß der Radfahrer schon ein großes Wassereis.

3. Schreibe sie mit Artikel heraus.

4. Bilde zusammengesetzte Substantive mit diesen Wörtern.

Auto:

Stadt:

SB S. 89

Bettys Nachmittag

Betty besucht ihre Oma. Diese lebt auf dem Lan__. In der Nähe sind ein kleiner Wal__ und ein Fel__. Dort geht Betty heute mit Omas Hun__ Fli__ spazieren. Fli__ ist sehr lie__. Plötzlich stutzt er. Ein alter Kor__ lie__t mitten auf dem We__. Im Kor__ ist eine kleine Börse mit Gel__. Wem könnte beides gehören? Hat es ein Kin__ verloren? Was soll Betty nur tun? Da kommt ihr ein alter Mann mit einem grauen Bar__ und einer englischen Trach__ entgegen. Er singt fröhlich ein Lie__. Ob er ihr helfen kann?

1. Setze die fehlenden Buchstaben b, p, d, t, g oder k ein.

2. Setze die passenden Verben in der richtigen Personalform ein.

spielen | lesen | trinken | liegen | backen | schreiben

Betty	*spielt*	mit dem Hund.	*spielen: der Spieler*
Oma		einen Kuchen.	
Opa		auf der Bank.	
Tom		eine Cola.	
Peter		Buch.	
Papa		einen Brief.	

3. Schreibe die Grundform dahinter.

4. Ergänze ein verwandtes Wort zu den Verben. Unterstreiche die Wortstämme.

SB S. 90

Briefe

Betty schreibt an ihre Großmutter.

Liebe Oma,

wie geht es dir ☐ Wir haben gestern einen Ausflug gemacht ☐ Es war toll ☐ Ich habe im Bus neben Caroline gesessen ☐

Sie hatte Schokobrötchen mit ☐

Die waren super ☐

Leider hat es die ganze Zeit geregnet ☐

Meine Socken waren klatschnass ☐

Kommst du uns bald mal wieder besuchen ☐

Liebe Grüße ☐

Betty

❶ Setze die fehlenden Satzzeichen ein.

❷ Unterstreiche die Aussagesätze rot, die Fragesätze blau und die Ausrufesätze grün.

❸ Unterstreiche in den folgenden Sätzen die Verben in der Grundform.

Kitty soll den Tisch <u>decken</u>.	*Deck den Tisch!*
Pamela soll die Teller bringen.	
Nick soll die Tassen suchen.	
Tom soll den Tee kochen.	
Ferhat soll den Zucker holen.	
Cindy soll den Kuchen schneiden.	

❹ Bilde nun Aufforderungssätze.

SB S. 91

Auf dem Zeltplatz

Am Morgen schien die Sonne. Die Pfadfinder trafen sich am Fahnenmast, um den Tag zu planen. Tom sagte: „Ich baue eine Höhle." ☐	*Am Morgen schien die Sonne. Die Pfadfinder trafen sich am Fahnenmast, um den Tag zu planen. Tom sagte: „Ich will ein Floß bauen."* ☐	*Am Morgen schien die Sonne. Die Pfadfinder trafen sich am Fahnenmast, um den Tag zu planen. Tom sagte: „Ich gehe zum Angeln."* ☐

1 Welcher Anfang passt zu der folgenden Geschichte? Kreuze an.

Tom und Peter gingen in den Wald und suchten Äste und Zweige. Die Äste banden sie mit Seilen zusammen und flochten die Zweige dazwischen. Endlich war das Floß fertig! Sie trugen es zum Fluss hinunter und stießen es ins Wasser. „Es schwimmt!", schrie Peter und sprang in die Luft. Dann stiegen die Jungen auf das Floß und paddelten los. Auf einmal …

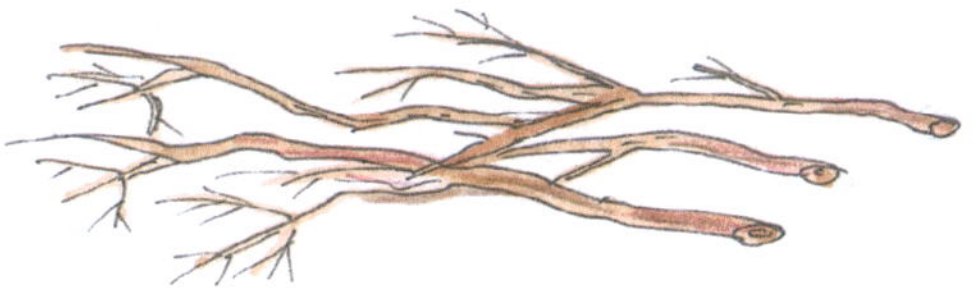

2 Schreibe die Geschichte zu Ende.

SB S. 93

Englischer Flohmarkt

1 Trage die Wörter mit doppelten Mitlauten geordnet ein.

ff:

ll:

mm:

nn:

pp:

ss:

tt:

2 Setze Silbenbögen unter die Wörter.

SB S. 93

So ein Unsinn

❶ Vervollständige die Wörter mit St/st .

❷ Bilde nun mit ihnen Sätze zu den Zeichnungen.

der __rumpf

__olpern

der __ein

der __uhl

__reicheln

der __orch

der __ern

__reiten

die __adt

der __ier

__ehen

der __iefel

❸ Schreibe weitere Unsinnsätze in dein Heft. Diese Wörter helfen dir:

der Stürmer | der Stock | stürzen | die Straße | stecken | der Stift

SB S. 96

Im Zentrum von London

❶ Lies den Text. Wie werden die Personen beschrieben? Male entsprechend aus.

Rechts neben dem Café steht ein Junge. Er trägt eine blaue Hose und einen gelben Pullover. Seine Haare sind blond. In seiner rechten Hand hält er ein rotes Auto.

Neben dem Jungen hockt ein Mädchen in einem grünen Kleid. Ihre Haare sind braun. Die roten Zopfhalter sind sehr schön. Sie leckt ein Himbeereis und streichelt dabei ihren schwarzen Pudel.

Ein Mann mit blonden Haaren in einem schwarzen Anzug sitzt am Tisch und liest Zeitung. Er trinkt Cola.

Am Tisch nebenan sitzt ein Mann mit schwarzem Haar und telefoniert. Er trägt ein hellblaues Hemd und eine kurze braune Hose. Seine Turnschuhe sind grün.

Links neben dem Café hockt ein blondgelockter Junge. Er trägt eine grüne Hose. Sein Hemd ist dunkelblau. Er füttert die grauen Tauben.

SB S. 97

Gemischte Geschichten

❶ Lies die Texte.
Sie sind durcheinander geraten.

❷ Nummeriere die Teile gleich,
die zusammengehören.

☐ Eine berühmte Sehenswürdigkeit in London ist der Tower.

☐ Der Buckingham Palast ist der Wohnsitz der Queen.

☐ In Südengland liegt der berühmte Steinkreis: der Stonehenge.

☐ Er steckt voller Geheimnisse.

☐ Früher diente er als Festung, Königspalast und Waffenkammer.

☐ Wenn die Queen zu Hause ist, weht eine Fahne über dem Palast.

☐ Im Sommer verlässt sie den Palast, dann können ihn Touristen besichtigen.

☐ Einige Forscher glauben, dass die Menschen von hier aus früher ihre Götter gerufen haben.

☐ Im Tower befindet sich das königliche Zepter mit dem größten Diamanten der Welt.

❸ Schreibe einen Text in dein Heft.

④ Du kannst weitere Sätze über diese Sehenswürdigkeiten dazuschreiben.

Madame Tussauds

❶ Lies den Text.

„Madame Tussauds“ ist ein sehr bekanntes Museum in London.
In diesem Museum werden lebensgroße Wachsfiguren von berühmten Persönlichkeiten ausgestellt.
Die Figuren sehen den wirklichen Menschen sehr ähnlich.
Hier findet man zum Beispiel den Papst, Albert Einstein, Madonna oder Boris Becker als Wachsfigur. Viele Besucher lassen sich mit diesen Persönlichkeiten fotografieren. Schon 1835 richtete Madame Tussaud dieses Museum in London ein.
In Frankreich erlernte sie die Kunst der Wachsbildnerei.
Es ist eine große Ehre, im Museum „Madame Tussauds“ ausgestellt zu werden.

❷ Markiere, wie das Museum heißt.

❸ Lies die Fragen. Beantworte sie in Sätzen.

Was wird im Museum ausgestellt?

Welche Personen kann man dort besichtigen?

Wann wurde das Museum eingerichtet?

Wo erlernte Madame Tussaud die Kunst der Wachsbildnerei?

SB S. 102/103

Alice im Wunderland

❶ Lies die Geschichte im Buch. Beantworte die Fragen in Sätzen.

Was sah Alice vorbeihüpfen?

Was passierte, als Alice in das Loch fiel?

Wohin war Alice geraten?

Was sah Alice im Wald?

② Was könnte Alice im Wunderland noch erleben?
Erzähle und schreibe in dein Heft.

SB S. 104/105

Fühlen und beschreiben

Mit den Augen sehen

❶ Male das Bild aus.

Wiese
Himmel
Wolken
Sonne
Bank
Baum
Blumen
Weg

grün
blau
weiß
gelb
braun
groß
bunt
lang

❷ Beschreibe das Bild so, wie du es ausgemalt hast.
Die Wörter oben helfen dir dabei. Schreibe so:

Die Wiese ist ...

❸ Setze das passende Adjektiv in der richtigen Form ein.

die ____________ Wiese der ____________ Himmel der ____________ Weg

die ____________ Sonne die ____________ Bank der ____________ Baum

SB S. 114/115

Was für ein Tag

❶ Lies den Text. Was stimmt hier nicht?

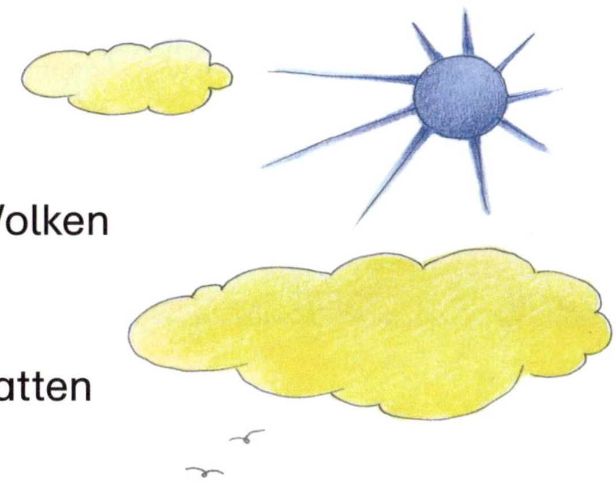

Neulich ging ich in den Park.

Am *weißen* Himmel standen ein paar *gelbe* Wolken und die *blaue* Sonne schien.

Mir wurde ganz *groß* und ich lief in den Schatten eines *warmen* Baumes.

Eine *schnelle* Maus rannte ganz *klein* in ihr Mauseloch, als sie mich sah.

Meine Freunde riefen *grün* nach mir und wir spielten auf der *lauten* Wiese Fußball.

Auf dem *bunten* Heimweg pflückte ich noch einen *langen* Strauß Blumen.

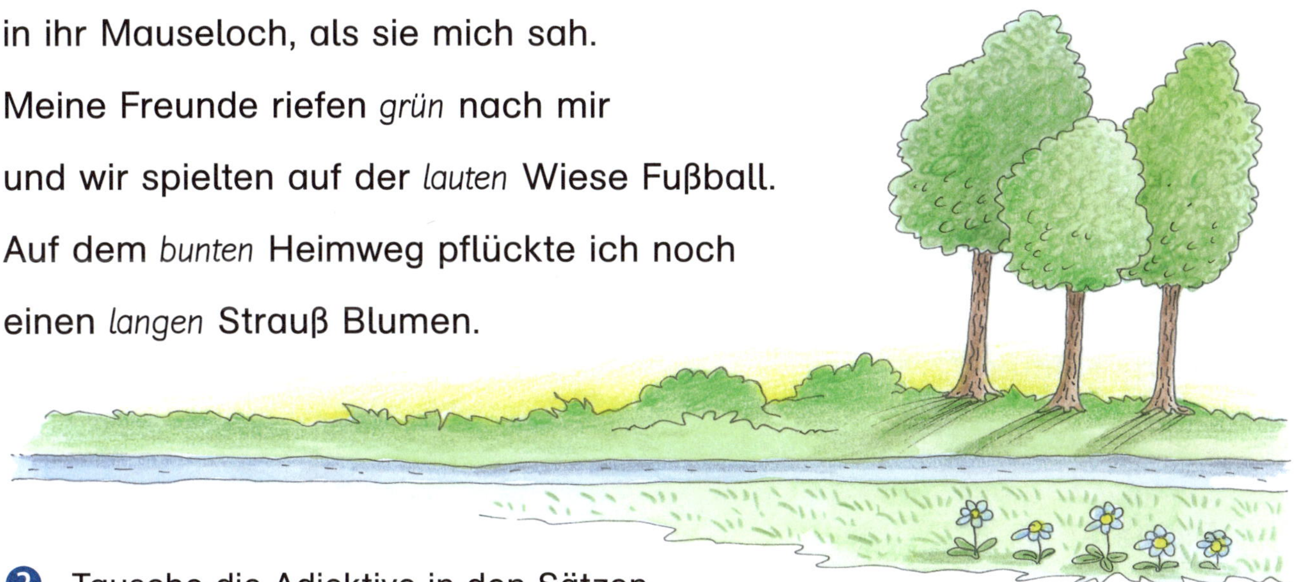

❷ Tausche die Adjektive in den Sätzen.

❸ Schreibe drei Sätze mit den richtigen Adjektiven auf.

④ Du kannst weitere Sätze mit vertauschten Adjektiven erfinden.

SB S. 115

Mein Steckbrief

❶ Schreibe einen Steckbrief. Die Wörter helfen dir dabei.

braun	blond	lang	grün	groß	bunt	klein
blau	glatt	lockig	kurz	gestreift	gelb	rot
Hose	Pullover	T-Shirt	Kleid	Jacke	Schuhe	Rock

Mein Name:

Mein Alter:

Meine Haare:

Meine Augen:

Meine Lieblingskleidung:

Meine Hobbys:

SB S. 116

Genau sehen und hören

1 Finde den passenden Umriss. Schreibe das Verb hinein.

passen *putzen* *planen* *poltern* *purzeln* *probieren*

2 Suche alle neun Substantive mit P am Wortanfang heraus. Umrahme sie.

3 Schreibe diese Substantive mit Artikel in dein Heft.

M	R	S	P	X	L	W	D
P	A	P	A	G	E	I	P
G	K	P	U	P	P	E	I
R	P	O	S	T	R	K	N
B	I	X	E	T	E	F	G
T	N	W	B	C	I	P	U
D	S	Z	V	W	S	A	I
P	E	R	L	E	A	P	N
J	L	S	D	H	M	A	Z

4 Setze in die Lücken D oder d ein.

Maro und Daniel machen einen Hörtest.

Immer zwei __osen klingen gleich.

__eshalb muss es ganz still sein.

__ie Kinder __ürfen nicht reden.

In Maros __ose raschelt es.

In __er zweiten klappert es __umpf.

Zu __umm! Maro hat kein Paar.

__arum __arf es Daniel nun versuchen.

5 Schreibe den Text in dein Heft. Unterstreiche D/d .

SB S. 117

Wie Tiere sein können

❶ Welche Adjektive beschreiben das Tier? Male nur diese Felder aus.

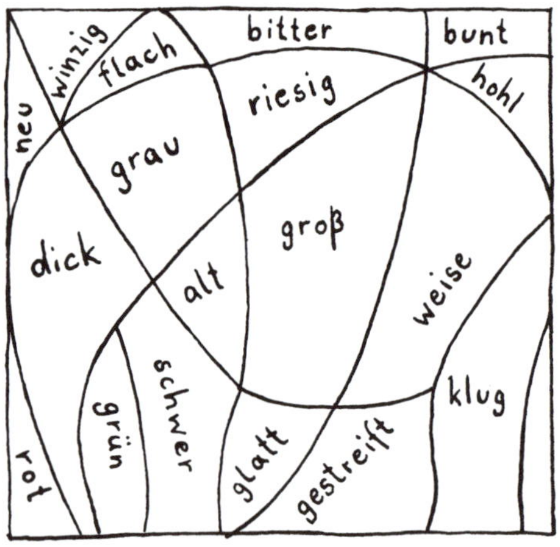

❷ Schreibe in Sätzen auf, wie der Elefant ist.

Der Elefant ist groß, grau,

❸ Welche Adjektive beschreiben das Tier? Male nur diese Felder aus.

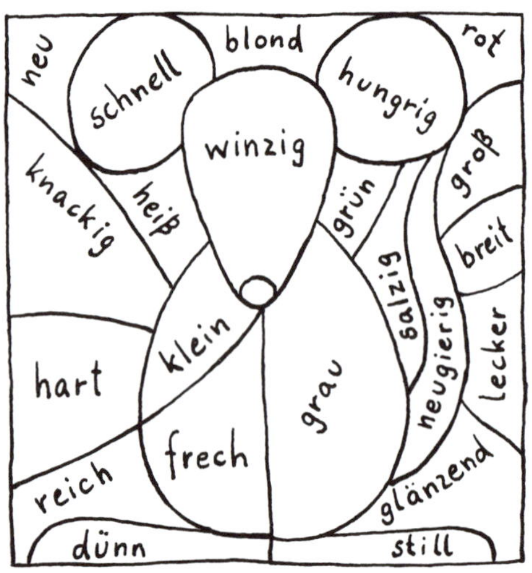

❹ Bilde Wortgruppen.
Setze die Adjektive vor das Substantiv.

die kleine, freche,

❺ Schreibe nun eigene Tierbeschreibungen.

⑥ Du kannst die anderen Kinder raten lassen.

SB S. 118

Eine Katze schleicht sich an

1. Nummeriere die Bilder in der richtigen Reihenfolge.
2. Schreibe eine Geschichte dazu auf.
   Du kannst diese Wörter verwenden:

Amsel	Nest	Baum	Katze	Jungen
schleicht	hüpft	rennt	flattert	füttert
ängstlich	aufgeregt	schnell	besorgt	lautlos

SB S. 119

Die Ameisen

In Hamburg lebten zwei ________,
die wollten nach ________ reisen.
Bei Altona, ________ der Chaussee,
da taten ihnen die Beine ________,
und da ________ sie weise
auf den letzten Teil der ________.

Joachim Ringelnatz

Ameisen
Reise
auf
Australien
verzichteten
weh

1. Ergänze die fehlenden Wörter.
2. Was können deine Füße?
   Rahme alle neun Verben ein.

m	h	a	s	t	e	n	v	w	b
r	ü	s	w	t	q	x	q	a	c
s	p	a	z	i	e	r	e	n	s
t	f	l	a	u	f	e	n	d	a
r	e	n	n	e	n	f	z	e	u
c	n	k	y	l	b	m	g	r	s
b	s	p	r	i	n	g	e	n	e
s	c	h	l	e	i	c	h	e	n

3. Schreibe die Verben heraus.

____

____

____

4. Du kannst zu jedem Verb einen Satz in dein Heft schreiben.

SB S. 121

Wer knabbert denn da?

Eichhörnchen sind Nagetiere.
Sie haben scharfe Zähne, die ständig nachwachsen.
Deshalb müssen sie oft an hartem Futter nagen.
Meist suchen Eichhörnchen ihre Nahrung auf Bäumen.
Sie mögen Nüsse, Samen, Rinde, Knospen und Früchte.
Manchmal fressen sie auch Vogeleier oder junge Vögel.
Im Herbst legen die Eichhörnchen Vorräte für den Winter an.
Dazu verstecken sie Nahrung auf dem Waldboden,
zwischen Baumwurzeln, in der Rinde oder in Astgabeln von Bäumen.
Dabei kommt es vor, dass sie nicht alle Verstecke wiederfinden.
Dann wachsen im Frühjahr aus den Samen neue Pflanzen.

1 Lies den Text und beantworte die Fragen in Sätzen.

Warum müssen die Eichhörnchen an hartem Futter nagen?

Welche Nahrung finden Eichhörnchen auf Bäumen?

Wo verstecken Eichhörnchen im Herbst ihre Vorräte für den Winter?

Was geschieht mit den Samen, die die Eichhörnchen nicht wiederfinden?

SB S. 127

Katzen als Haustiere

Katzen brauchen einiges, um sich zu Hause wohl zu fühlen.
Eine Hauskatze hat in der Wohnung einen Korb als Schlafplatz.
Ihre scharfen Krallen wetzt sie gern an einem Kratzbaum ab.
Die Katzentoilette muss täglich gesäubert werden.
Natürlich braucht die Katze zweimal am Tag
Katzenfutter und frisches Wasser.
Mit einer Katze muss man oft spielen und schmusen.
Noch besser ist es, wenn man zwei Katzen hat.
Sie beschäftigen sich miteinander,
wenn niemand zu Hause ist.
Mit Hunden vertragen sich Katzen gut,
wenn sie gemeinsam aufwachsen.
Dann spielen sie zusammen und fressen oft sogar
aus einem gemeinsamen Futternapf.

❶ Suche die folgenden Sätze im Text.
Unterstreiche die fehlenden Wörter im Text oben.

Katzen brauchen einiges, um sich ______________ wohl zu fühlen.

Eine Hauskatze hat in der Wohnung einen ______________ als Schlafplatz.

Ihre ______________ Krallen wetzt sie gern an einem Kratzbaum ab.

Die Katzentoilette muss ______________ gesäubert werden.

Natürlich braucht sie auch Katzenfutter und ______________ Wasser.

Mit einer Katze muss man oft ______________ und ____________________.

Mit ______________ vertragen sich Katzen gut,

wenn sie gemeinsam aufwachsen.

Dann ______________ sie zusammen und ______________

oft sogar aus einem gemeinsamen Futternapf.

❷ Ergänze die fehlenden Wörter.

SB S. 128

Geschichten und Märchen

Maro hat Ferien

❶ Schreibe auf, was Maro für diese Woche plant.
Schreibe nach Wochentagen geordnet auf.

Am Montag will …

② Schreibe auf, was du in der kommenden Woche planst.

SB S. 140

Maro und Lotta spielen Theater

Maro erzählt Lotta vom
Besuch im Puppentheater.
Sie spielen das Märchen nach
und verkleiden sich.

Lotta sieht sehr ______ aus.

Ihr Hut ist zu ______.

Daran trägt sie einen ______ Schleier.

Die Schuhe sind ihr viel zu ______.

Maro hat eine ______ Hose an.

Er schwingt ein ______ Schwert

und ruft: „Ich bin ein tapferer Königssohn!"

Da lachen beide.

kariert *kostbar* *groß* *kurz* *komisch* *klein*

❶ Trage die passenden Adjektive ein.

❷ Schreibe alle Wörter der Wortfamilie von kleiden auf.
Übermale den gemeinsamen Wortstamm.

kleiden *Kleid* *verkleiden* *klammern* *Kleidung* *kostbar*

______

❸ Suche Wörter zu diesen Wortfamilien.

lachen: ______

spielen: ______

Adjektive mit *k* in einen Lückentext einsetzen, Wortfamilie

SB S. 141

Lauras Familie

☐ *Ihre Mutter ist Ärztin.*

☐ *Der Vater ist Musiker.*

☐ *Die Oma ist Bäckerin.*

☐ *Der Opa ist Schreiner.*

❶ Ordne die Sätze den Bildern zu.

❷ Schreibe zwei verschiedene Sätze.

1

Lauras Mutter ist Ärztin.

Sie ist . . .

2

3

4

❸ Unterstreiche die Berufe.

❹ Welche Berufe gibt es in Faruks Familie?
Schreibe sie hinter die Beschreibung.

Faruks Vater fährt Taxi. Er ist ______________________.

Faruks Mutter verkauft Obst. Sie ist ______________________.

Faruks Bruder singt Opern. Er ist ______________________.

Faruks Schwester unterrichtet Kinder. Sie ist ______________________.

SB S. 142/143

Märchenrätsel

1 Zu welchen Märchen gehören die Fragen? Verbinde.

2 Ordne die Fragen den richtigen Personen zu.

Rotkäppchen: Warum …

3 Bilde sinnvolle zusammengesetzte Substantive. Schreibe sie mit Artikel auf.

Gold Märchen Hexen Zauber König

Klumpen Haus Reich Buch Stab

der Goldklumpen,

SB S. 144

Märchentheater

Lukas möchte ein eigenes Märchen __________.	*schreiben*
Laura soll es dann __________.	*abschreiben*
Die Klasse will den Eltern das Märchen __________.	*spielen*
Lea wird die Hexe __________.	*vorspielen*
Dann will Lea einen Reim __________.	*tragen*
Dabei wird sie ihr rotes Kleid __________.	*vortragen*
Zum Schluss __________ sich die Kinder auf die Bühne.	*bestellen*
Die Lehrerin wird ihnen ein Eis __________.	*stellen*

❶ Setze die passenden Verben ein.

❷ Unterstreiche die Verben mit laufen . Was stellst du fest?

Maro will sich im Wald nicht ablaufen. __________

Wenn die Flasche umfällt, kann der Saft mitlaufen. __________

Pedro will beim Wettrennen nicht verlaufen. __________

Das Programm wird wie geplant auslaufen. __________

❸ Schreibe hinter jeden Satz das richtige Verb.

SB S. 145

Von Riesen und Zwergen

❶ Setze die Substantive in der Verkleinerungsform ein.

Der Riese trägt
einen großen Hut,
ein rotes Hemd,
eine graue Hose
und eine blaue Jacke.

Der Zwerg trägt
ein kleines ______,
ein grünes ______,
ein schwarzes ______
und ein braunes ______.

❷ Schreibe die Grundwörter und die Verkleinerungen auf.
Markiere die Veränderungen. Was stellst du fest?

Hut – ______

❸ Schreibe die Grundwörter auf.

Mit der Lupe wird
aus einem Bildchen ein ______,
aus einem Röschen eine ______,
und aus einem Pünktchen ein ______.

❹ Schreibe die Grundwörter mit Artikel heraus.
Schreibe die Verkleinerungsformen mit Artikel daneben.

ein Bi...

❺ Unterstreiche die Artikel. Was stellst du fest?

SB S. 148/149

Es war einmal …

Aus dem hässlichen Entlein wurde

ein ______________ Schwan.

Die alte Hexe verzauberte

die ______________ Prinzessin.

Das tapfere Schneiderlein besiegte

die ______________ Riesen.

Über dem dunklen Wald schien

der ______________ Mond.

Die guten Kinder entkamen

dem ______________ Zauberer.

schön *feige* *hell* *böse* *jung*

1. Finde die Gegensätze und setze die passenden Adjektive ein.
2. Unterstreiche alle Adjektive.
3. Schreibe alle Gegensatzpaare heraus.

hässlich – schön, ______________

____

____

4. Bilde Sätze mit den Wörtern: Hexe, Nixe, Qualle.

____

____

____

SB S. 150

Zwölf Monate hat das Jahr

1 Lies die Verse. Unterstreiche alle Monatsnamen.

☐ Im Januar bläst der Wind so kalt,
im Februar laut das Jagdhorn schallt.

☐ Der Mai bringt uns den Vogelsang,
Juni, der macht die Tage lang.

☐ Septemberäpfel – schwer und rund,
Oktober färbt die Blätter bunt,

☐ Im Märzen lasst uns Körner legen.
April neckt uns mit Sonnenregen.

☐ November reißt sie von den Bäumen.
Dezember naht mit Weihnachtsträumen.

☐ Der Juli sieht die Ähren schwer,
August mäht alle Felder leer.

☐ So rundet sich das volle Jahr,
das Ende zeigt, ob gut es war.

Hannes Hüttner

2 Nummeriere in der richtigen Reihenfolge.

3 Schreibe das Gedicht in der richtigen Reihenfolge ab.
Du kannst es gestalten.

4 Ordne die Monate nach den Jahreszeiten.

 Frühling: ______________________

 Sommer: ______________________

 Herbst: ______________________

 Winter: ______________________

Gedicht in der richtigen Reihenfolge ordnen, Monatsnamen

SB S. 156

Die Schildkröte hat Geburtstag

❶ Lies den Text im Buch auf Seite 160/161.

❷ Wer sagt was? Verbinde richtig.

☐	Löwe	„Ich habe dir einen Eimer Wasser zum Planschen mitgebracht!“
☐	Nashorn	„Ich habe dir etwas Schönes mitgebracht! Ein großes Stück Fleisch!“
☐	Pelikan	„Ich komme leider sehr spät, aber das Paket war so schwer zu schleppen.“
☐	Elefant	„Ich habe eine Überraschung für dich! Guck mal in meinen Schnabel hinein!“
☐	Maus	„Ich habe dir ein Schlammbad mitgebracht.“

❸ In welcher Reihenfolge besuchen die Tiere die Schildkröte? Nummeriere.

❹ Schreibe auf, was sich die Schildkröte wünscht.

SB S. 160/161

Das Jahr

Die Monatsnamen

Im ________ gibt es Eis und Schnee,

im ________ gefriert der See.

Im ________ wird schon das Feld bestellt,

der ________ schickt Regen um die Welt.

Im ________ trillert die Lerche in der Luft,

im ________ schwelgt alles in Blumenduft.

Der ________ schmückt alles mit Farbenpracht,

im ________ ist die Ernte vollbracht.

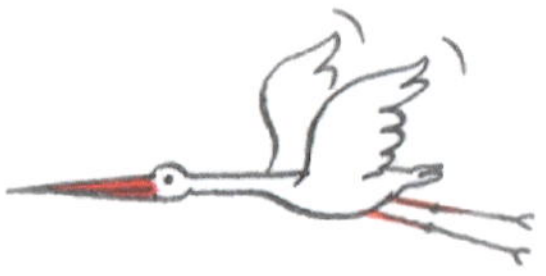

Im ________ reist der Storch nach Afrika,

im ________ steigt der Drachen – hurra.

Der ________ lässt alles mit Nebel verschleiern.

Zum Glück können wir im ________ Weihnachten feiern.

❶ Setze die passenden Monate ein.

SB S. 170/171

Eine Laternengeschichte

Jacke – Mütze – anziehen

Laterne – Lieder singen

stürmisch – Angst

Windstoß – brennen

weinen – Vater löschen

Taschenlampe – freuen

❶ Schreibe eine Geschichte zu der Bildfolge.

SB S. 175

Nikolaus

❶ Was könnte der Nikolaus in deinen Stiefel legen?
Male nur diese Felder aus.

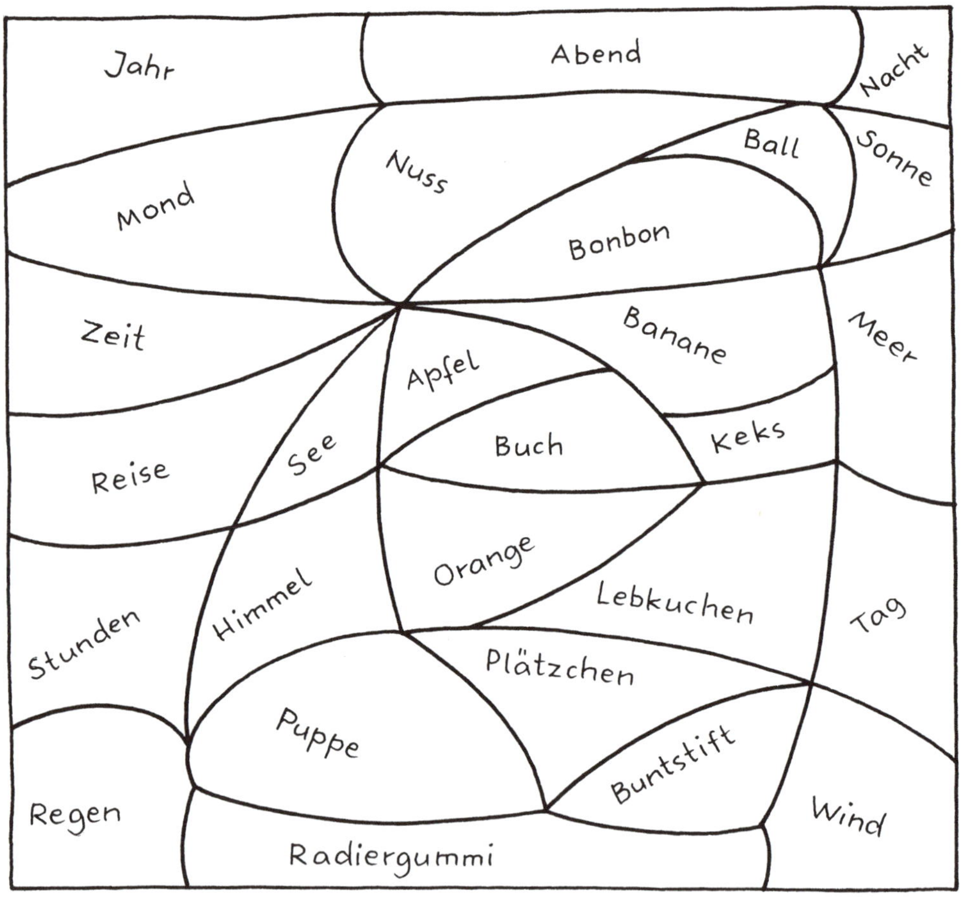

❷ Schreibe die Namen für die Geschenke in der Einzahl und in der Mehrzahl auf. Verwende die unbestimmten Artikel.

eine Nuss – viele Nüsse,

SB S. 176

Bei der Feuerwehr wird der Kaffee kalt

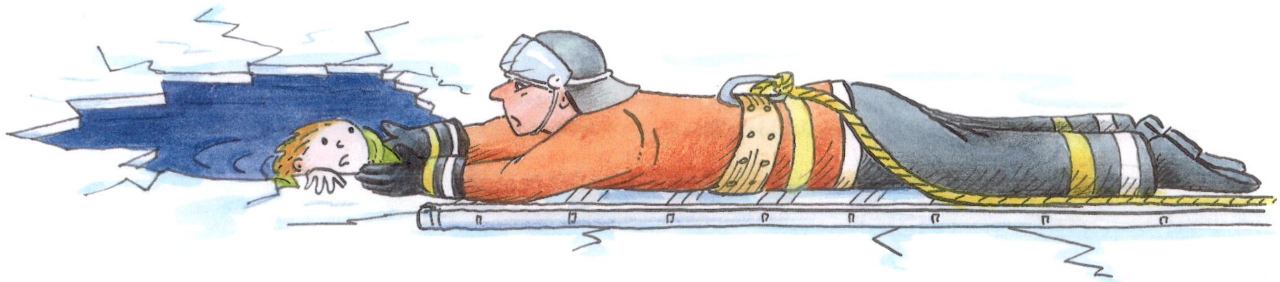

❶ Lies den Text im Buch auf Seite 178/179.

❷ Setze die fehlenden Wörter in den Lückentext ein.

Es ist ________________________ bei der Feuerwehr. Plötzlich bimmelt das

__________________________. „Ein kleiner Junge? Gut wir kommen! Alarm!"

Ja – was ist passiert? Der ___________ Zahnlücke war zum Schwanenteich

gelaufen. Der ___________________________ hatte eine Eishaut bekommen.

Und Emil Zahnlücke dachte: Ich werde auf dem _________ schlittern!

Mit einem Mal machte es „Pling!" und quer über die Eisdecke

lief ein __________. Emil Zahnlücke erschrak.

Da machte es noch einmal „Pling" und „Pleng" und „Klirr" und

er lag im ________________.

Jetzt hält sich Emil Zahnlücke am Rand des Eisloches

fest und ________________.

Am Ufer stehen _______________________ und wollen helfen.

Alle atmen auf, als sie das „Tatü-tata" der Feuerwehr hören.

Löschmeister ________________________ prüft das Eis. Gerade lässt

der kleine Emil den Eisrand los. Aber Wachtmeister Meier erwischt ihn

am Mantelkragen und zieht ihn auf die ______________.

Die Feuerwehrleute am Ufer ziehen. Wie ein ________________ rutscht

die Leiter über das Eis. So werden der kleine Meier und

Emil ans _________ geholt.

nach Hannes Hüttner

SB S. 178/179

Verrückte Fastnacht

❶ Lies den Text.

Alle tun etwas:
Der Wellensittich trompetet ein Lied.
Der Stier schnurrt laut.
Die Katze brüllt gemütlich.
Der Hund blökt ärgerlich.
Das Pferd piepst hungrig.
Der Elefant zwitschert.
Die Maus wiehert ängstlich.
Das Schwein bellt glücklich.
Das Schaf grunzt müde.

❷ Unterstreiche die Verben.

❸ Schreibe die Sätze mit den richtigen Verben auf.

SB S. 183

Wie die Amsel ihr Nest baut

❶ Lies den Text. Setze die Verben richtig ein.

lassen *bauen* *schützen* *ausbrüten* *binden*

sammeln *bestreichen* *legen* *polstern* *bekommen*

Die Amsel ______ ihr Nest in Bäumen und Gebüschen.

Das Nest ______ sie oben offen, weil sie ihre Eier

mit ihrer Körperwärme ______.

Das Nest ______ die Eier.

So entsteht das Nest:

Zuerst ______ die Amsel dafür kleine Zweige.

Diese Zweige ______ sie zusammen.

Sie ______ dünne Halme und Moos darauf.

Anschließend ______ sie

die Innenseite des Nestes mit feuchter Erde.

So ______ das Nest seinen Halt.

Zum Schluss ______ die Amsel

das Nest mit feinen Härchen, Federn und Grashalmen.

❷ Unterstreiche alle Wörter, die dir sagen, was die Amsel tut.

③ Erzähle mit eigenen Worten, wie die Amsel ihr Nest baut.

SB S. 184

Auf der Wiese

❶ Lies die beiden Texte.

Im Frühling wird die Wiese wieder grün.
Die Knospen vom Löwenzahn entfalten sich.
Die runde Blüte mit den vielen Blütenblättern bricht auf.
Bienen und Hummeln holen den süßen Nektar aus den Blüten.
Jeden Abend schließt sich die Blüte.
Irgendwann bleibt sie ganz geschlossen
und die Samen reifen.
Aus der Blüte wird eine Pusteblume.
Die federleichten Samen werden vom Wind davon getragen.
Aus ihnen werden neue Löwenzahnpflanzen.

Im Frühling wird die Wiese endlich grün.
Die Knospen des Löwenzahns entfalten sich.
Die runde Blüte mit den gelben Blütenblättern geht auf.
Bienen holen den süßen Nektar aus den Blumen.
Am Abend schließt sich die Blüte.
Irgendwann bleibt sie völlig geschlossen
und die Samen reifen heran.
Aus dem Löwenzahn wird eine Pusteblume.
Die leichten Samen werden vom Wind fort getragen.
Daraus werden neue Löwenzahnpflanzen.

❷ Vergleiche die Texte und unterstreiche,
was sich im zweiten Text verändert hat.

SB S. 184

In der Ferienzeit

Georg und Fritz sind befreundet. Georg ist jünger als Fritz. In den Ferien spielen sie am liebsten am See und käschern dort nach kleinen Fischen und Kaulquappen. Außerdem haben sie zusammen in Georgs Garten ein Baumhaus gebaut. Dort verstecken sie sich gern und spielen „Piraten auf der Flucht“. Das ist Fritz’ Lieblingsspiel. Er liest auch sehr gerne Piratenbücher. Georg hört lieber Kassetten über Indianer. Später will er einmal nach Amerika fliegen und ein altes Indianerdorf besichtigen.

○ ○

❶ Welcher der beiden Jungen ist Fritz? Kreuze an und begründe kurz.

____

❷ Wer ist befreundet? Kreuze an.

- ☐ Fritz und Luca
- ☐ Fritz und Georg
- ☐ Georg und Marie

Wer ist jünger? Kreuze an.

- ☐ Fritz ist jünger als Georg.
- ☐ Georg ist jünger als Fritz.
- ☐ Fritz ist älter als Georg.

❸ Welche Sätze sind falsch? Kreuze an.

- ☐ In den Ferien spielen sie manchmal mit Lego und bauen Flugzeuge und Häuser.
- ☐ Sie haben in Fritz’ Garten ein Baumhaus gebaut.
- ☐ Georg hört gern Kassetten über Indianer.
- ☐ Fritz’ Lieblingsspiel ist: „Der Schatz im Tikitaka-See“.

❹ Wohin will Georg einmal verreisen und warum?

____

____

SB S. 189

Prinzesschen von Loburg

Michael Kaatz ist Storchenforscher. Er lebt in Loburg auf einem Storchenhof, den sein Vater 1979 gegründet hat. Auf dem Storchenhof hat er viele Störche gesund gepflegt. Die bekannteste Storchendame ist Prinzesschen. Auf ihrem Rücken wurde ein Sender befestigt. Damit konnte Michael Kaatz sie bis nach Afrika verfolgen und erforschen, wo sie dort genau den Winter verbringt. Prinzesschen hat in Loburg insgesamt 29 Junge ausgebrütet und aufgezogen. Kinder, die auf dem Storchenhof zu Besuch waren, haben sie Prinzesschen getauft. Im April 2004 gab die Post sogar eine Briefmarke von Prinzesschen heraus. Damit wurde sie in ganz Deutschland berühmt.

1 Was stimmt? Streiche die falschen Antworten durch.

Michael ist Sternenforscher.	s
Michael ist Storchenforscher.	t
Er lebt in Loburg.	o
Er lebt in Luborg.	p
Prinzesschen ist eine Starendame.	u
Prinzesschen ist eine Storchendame.	l
Im August gab die Post eine Briefmarke heraus.	i
Im April gab die Post eine Briefmarke heraus.	l

Das Lösungswort heißt ____ ____ ____ ____ .

2 Woher wusste Michael Kaatz, wo Prinzesschen den Winter verbringt?

3 Wie wurde Prinzesschen in ganz Deutschland berühmt?

Aussagen eines Textes erfassen und wiedergeben

SB S. 191